Mettiamo in pratica i valori spirituali e salviamo il mondo

Un discorso di
Sri Mata Amritanandamayi

nell'ambito delle celebrazioni per il
150° anniversario della nascita di
Swami Vivekananda

Auditorium Siri Fort, Nuova Delhi
11 Gennaio 2013

Mata Amritanandamayi Center, San Ramon
California, Stati Uniti

Mettiamo in pratica i valori spirituali e salviamo il mondo

Un discorso di Sri Mata Amritanandamayi
nell'ambito delle celebrazioni per il 150° anniversario
della nascita di Swami Vivekananda
Auditorium Siri Fort di Nuova Delhi, India
11 Gennaio 2013

Pubblicato da:
  Mata Amritanandamayi Center
  P.O. Box 613
  San Ramon, CA 94583
  Stati Uniti

— *Practice Spiritual Values and Save the World*
(Italian) —

Copyright © 2013 Mata Amritanandamayi Center,
P.O. Box 613, San Ramon, CA 94583, Stati Uniti

Tutti i diritti riservati. Ogni riproduzione,
archiviazione, traduzione o diffusione, totale
o parziale, della presente pubblicazione, con
qualsiasi mezzo, con qualsiasi scopo e nei confronti
di chiunque, è vietata senza il consenso scritto
dell'editore.

Prima edizione a cura del MA Center: agosto 2016

In Italia: www.amma-italia.it

In India:
  inform@amritapuri.org
  www.amritapuri.org

रक्षा मंत्री
भारत
MINISTER OF DEFENCE
INDIA

Premessa

Swami Vivekananda è stato indubbiamente il più grande apostolo della rinascita spirituale e culturale dell'India nel XIX secolo. Ricordiamo con stupore e meraviglia la grande missione che questo saggio indiano decise di realizzare diffondendo il suo messaggio di fratellanza universale, di armonia tra le religioni e di coesistenza pacifica tra le varie comunità e nazioni. Egli sosteneva con grande consapevolezza che la religione è un potente collante e che tutte quante sono nate per aiutare gli individui a raggiungere l'illuminazione, la realizzazione del Sé, e per favorire l'edificazione della società. Le vie da percorrere possono essere diverse ma il fine ultimo è lo stesso. Pertanto, vi è un ritmo intrinseco comune a ogni fede, radicato profondamente nell'amore, nella compassione e nella devozione. Quando avremo compreso l'essenza di questo ideale e modellato la nostra vita in accordo con gli insegnamenti durevoli enunciati dalle diverse fedi, allora cominceremo a rispettare ogni individuo, indipendentemente dalla casta, credo, religione o nazionalità. L'amore e l'interesse per i nostri fratelli sono il mantra della pace e dell'armonia.

Grazie alle sue grandi capacità oratorie e alla sua presenza ispiratrice, Swami Vivekananda divenne l'icona dell'entusiasmo giovanile in tutto il mondo.

Le sue parole esprimevano il messaggio spirituale dell'India, la quintessenza della filosofia indiana, semplificata e interpretata per il bene di tutta l'umanità. Egli insegnò la religione del coraggio ed esortò i giovani a svegliarsi, ad alzarsi e a proseguire senza fermarsi sino al raggiungimento della meta.

Mata Amritanandamayi Devi, nota in tutto il mondo come Amma, offre uno straordinario tributo a Swami Vivekananda nella lieta ricorrenza del 150° anniversario della sua nascita. Attraverso esempi semplici e concreti,

Premessa

Amma ci rivela l'essenza degli insegnamenti di Swami Vivekananda e ci esorta a non disperdere la nostra vitalità, a mantenere una mente pura, a difendere i nostri valori, a rimuovere dalla nostra mente la sporcizia della crudeltà, ad assimilare i doni della nostra antica cultura e del nostro sistema di conoscenza, a percorrere il sentiero del dharma e a condurre una vita ricca di senso, superando la paura. Anche Amma si unisce all'appello di Swami Vivekananda, spronandoci a realizzare l'infinito potere che è in noi. Ella ci esorta inoltre a proteggere la natura e ad agire sempre nel rispetto dell'ambiente per il bene di tutti.

Amma non ha bisogno di presentazioni. La incontrai per la prima volta a metà degli anni '90, quando ero Primo Ministro del Kerala, e da allora siamo sempre rimasti in contatto. Provo molto interesse e profonda commozione per la sua completa dedizione nel servire la società, offrendo aiuto e conforto ai bisognosi e ai sofferenti. Il contributo di Amma nel promuovere l'istruzione e l'assistenza sanitaria è fondamentale. Il vangelo dell'amore e della fratellanza universale che lei diffonde è apprezzato e accolto entusiasticamente in tutto il mondo. Per tutte queste ragioni, Amma è forse la persona più adatta a tenere il suo prezioso e illuminante messaggio nel 150° anniversario della nascita di Swami Vivekananda.

(A.K. Antony)

Ministero della Difesa
India

|| Om Amriteshwaryai Namah ||

Introduzione

Il 12 gennaio 2013 cade il 150° anniversario della nascita di Swami Vivekananda, il dinamico *sannyasi* di Calcutta noto per aver diffuso in Occidente la spiritualità indiana e per aver ispirato la riforma religiosa e la rinascita spirituale in India. Oltre ad essere una giornata di celebrazioni, questa data segna l'inizio di un anno denso di commemorazioni: dal Kashmir a Kanya Kumari, dal Gujarat all'Orissa. Come fece lo stesso Swami Vivekananda, che viaggiò in tutto il mondo, così le celebrazioni del 150° anniversario della sua nascita non si terranno soltanto in India ma anche in molti altri paesi.

Lo scorso 11 gennaio, presso l'auditorium Siri Fort di Nuova Delhi, si è svolto il programma che ha inaugurato quest'anno di festeggiamenti (Swami Vivekananda Sardha Shati Samarah). Accogliendo l'invito degli organizzatori, Sri Mata Amritanandamayi Devi, la nostra amata Amma, ha pronunciato il discorso di apertura.

L'auditorium del Siri Fort era gremito di molte delle personalità più importanti e autorevoli dell'India: politici, operatori impegnati nel sociale, educatori, guide spirituali, leader religiosi e altre persone che hanno dedicato la propria vita all'edificazione morale dell'India. Amma ha iniziato il satsang elogiando Swami Vivekananda come personificazione della purezza mentale e della vitalità, una persona che con la sua vita e il suo messaggio ha acceso il fuoco della spiritualità nei cuori dell'umanità. Amma ha tuttavia precisato che, dal suo punto di vista, l'India è molto lontana dal realizzare la visione che Vivekananda aveva per il suo paese: "Abbiamo imparato a volare come gli uccelli e a nuotare come i pesci ma abbiamo dimenticato come vivere da esseri umani" ha detto Amma. "Sembra che dovremo riacquistare questa capacità. Ma come? Soltanto attraverso la conoscenza di noi stessi. Dobbiamo praticare l'autoanalisi. Perché? Perché i problemi che affliggono il mondo non nascono dallo spazio che ci circonda, dal vento, dall'oceano, dalle stagioni, dalla natura o dagli animali ma dagli esseri umani, dalla nostra mente".

Introduzione

Nei successivi quaranta minuti Amma ha identificato il nodo centrale dei tanti problemi che affliggono l'India: l'incapacità dei suoi abitanti di apprezzare l'antica cultura spirituale di questa terra e di vivere radicati nei valori universali sui quali essa si fonda.

Le parole di Amma sono state schiette e non hanno lasciato spazio a nessuna scusante: "In verità, siamo stati noi stessi a creare la maggior parte delle difficoltà che il Sanatana Dharma deve affrontare in questo momento. Possiamo anche biasimare gli altri mettendo l'accento sugli effetti della globalizzazione, della colonizzazione straniera e delle altre religioni; forse, entro certi limiti, questi fattori hanno agevolato il processo ma non ne sono la causa principale. La causa primaria risiede nella nostra negligenza: non abbiamo saputo cogliere e proteggere l'inestimabile ricchezza della nostra cultura. Più precisamente, non abbiamo avuto abbastanza coraggio per farlo. Abbiamo scavato noi stessi la fossa in cui seppellire questa cultura basata su un sapere vasto e antico", ha dichiarato Amma.

Sebbene il quadro da lei descritto fosse spesso sconfortante, il suo discorso non è stato per niente fatalista. "Ma non è troppo tardi", ha proseguito

Amma. "Se ci sforziamo sinceramente, possiamo ancora far rivivere questo *dharma*. Com'è possibile proteggere il dharma? L'unico modo per farlo è rispettarlo. Una cultura può sopravvivere solo se viene rispettata e messa in pratica".

Di fatto, il discorso di Amma ha tratteggiato le linee generali per una riforma dell'India: un disegno che, pur tenendo in considerazione il bisogno di una trasformazione olistica, non ha trascurato problemi specifici come la mancanza di coscienza spirituale nella gioventù indiana, l'esigenza di salvaguardare l'ambiente e le risorse naturali, il rispetto di fedi religiose diverse, la necessità di proteggere le menti influenzabili dei giovani da contenuti scabrosi, il bisogno di promuovere negli adolescenti e negli adulti una mentalità fondata sulla compassione e sul servizio disinteressato.

Amma ha concluso il suo discorso con una preghiera: "L'India deve risollevarsi. È necessario che la voce della Conoscenza e della realizzazione del Sé e le parole antiche dei nostri *rishi* si levino nuovamente e risuonino ovunque. Affinché questo accada, dobbiamo lavorare tutti insieme, in unità. Possa questa terra, che ha insegnato al mondo il vero significato dell'accettazione, rimanere salda in questa virtù. Che il suono possente della conchiglia del Sanatana Dharma annunci un nuovo risveglio e riecheggi in ogni angolo del pianeta. Come un arcobaleno, Swami Vivekananda è apparso all'orizzonte dell'umanità per aiutarci a capire la bellezza e il valore di una vita attiva che includa la compassione e la meditazione. Che il meraviglioso sogno d'amore, coraggio e unità di Swami Vivekananda possa realizzarsi".

Il discorso di Amma è stato accolto da una fragorosa ovazione. Tutti i presenti nell'auditorium del Siri Fort hanno compreso che in quel momento si stava offrendo all'India una valida ricetta per la sua rinascita, proposta da una persona che incarna perfettamente la cultura indiana. Sono state tratteggiate le linee generali per una riforma. Ora non ci resta che seguirle.

Swami Amritaswarupananda Puri
Vice presidente
Mata Amritanandamayi Math

Mettiamo in pratica i valori spirituali e salviamo il mondo

Amma si inchina a tutti voi, che siete l'incarnazione dell'amore puro e della coscienza suprema.

Amma desidera innanzitutto esprimere la sua profonda gioia nel partecipare alle celebrazioni per il 150° anniversario della nascita di Swami Vivekananda. Anche tra 150 anni, la vita e il messaggio di Swami Vivekananda manterranno lo stesso significato e continueranno a ispirare tante persone, perché Swami Vivekananda ha saputo coniugare perfettamente purezza mentale e vitalità.

"Prendete un'idea e fatela diventare la vostra vita: pensatela, sognatela, vivete di essa. Lasciate che il cervello, i muscoli, i nervi, ogni parte del vostro corpo ne vengano impregnati e ignorate ogni altra idea. Questa è la strada che porta al successo, il modo in cui si creano i giganti dello spirito". Ecco l'entusiasmante appello che Swami Vivekananda ha lanciato al mondo.

Le sue parole sanno risvegliare e accendere il potenziale spirituale dell'umanità, con un'intensità simile a quella delle fiamme di un incendio che scoppia in mezzo a una foresta. Viviamo in un mondo che ripone la propria fede nella soddisfazione immediata, nella costante ricerca dell'erba più verde del vicino. Se riflettiamo profondamente sulle parole di Swami Vivekananda, ci accorgiamo che esse possono contribuire a ispirare una rivoluzione spirituale, pacifica ma potente. Una rivoluzione non esteriore ma interiore, una trasformazione basata sui valori.

Sul piano materiale, l'umanità sta progredendo rapidamente, raggiungendo vette sempre più alte. Oggi gli esseri umani hanno realizzato molti obiettivi che un tempo sembravano irraggiungibili o addirittura inimmaginabili. Tuttavia, nessuna di queste conquiste è in grado di rimuovere neppure minimamente la sporcizia della crudeltà sedimentata nel cuore dell'uomo. Questo velo scuro è diventato così spesso da spingere il genere umano sull'orlo di un baratro.

Abbiamo imparato a volare come gli uccelli e a nuotare come i pesci ma abbiamo dimenticato come vivere da esseri umani. Sembra che dovremo riacquistare questa capacità. Ma come?

Soltanto attraverso la conoscenza di noi stessi. Dobbiamo praticare l'autoanalisi. Perché? Perché i problemi che affliggono il mondo non nascono dallo spazio che ci circonda, dal vento, dall'oceano, dalle stagioni, dalla natura o dagli animali, ma dagli esseri umani, dalla nostra mente.

Creare problemi e quindi affannarsi a trovarne la soluzione fa parte della natura umana. Oggigiorno abbiamo la conoscenza ma non la consapevolezza. Abbiamo le informazioni ma non *viveka*[1]. Sappiamo, ovviamente, di avere una testa, ma ne diventiamo veramente consapevoli solo nel momento in cui ci fa male.

Conoscete probabilmente la storiella di quell'uomo che, dopo aver ingerito un cucchiaio di una medicina, lesse le indicazioni riportate sull'etichetta: "Agitare bene prima dell'uso". Accorgendosi di non aver seguito correttamente le istruzioni, rifletté un momento e poi cominciò a fare dei grandi salti e a scuotere il corpo.

Come lui, anche noi cerchiamo spesso di correggere i nostri errori solo quando è troppo tardi. In verità, siamo stati noi stessi a creare la maggior parte delle difficoltà che il Sanatana

---

[1] Discernimento: capacità di discriminare e valutare correttamente ciò che accade.

Dharma (il Principio Eterno, nome con il quale è designato l'Induismo, ndt), deve affrontare in questo momento. Possiamo anche biasimare gli altri mettendo l'accento sulle conseguenze della globalizzazione, della colonizzazione straniera e delle altre religioni; forse, entro certi limiti, questi fattori hanno agevolato il processo ma non ne sono la causa principale. La causa primaria risiede nella nostra negligenza: non abbiamo saputo cogliere e proteggere l'inestimabile ricchezza della nostra cultura. Più precisamente, non abbiamo avuto abbastanza coraggio per farlo. Abbiamo scavato noi stessi la fossa in cui seppellire questa cultura basata su un sapere vasto e antico.

Ma non è troppo tardi. Se ci sforziamo sinceramente, possiamo ancora far rivivere questo *dharma*. Com'è possibile proteggere il dharma? L'unico modo per farlo è rispettarlo. Ogni cultura può sopravvivere solo se viene rispettata e messa in pratica. Amma non vi sta chiedendo di intraprendere rigorose pratiche ascetiche, ma di praticare un poco il dharma, secondo le vostre capacità. "Nessuno sforzo è vano su questo cammino. Osservare anche solo in piccola parte il dharma vi aiuterà a superare le vostre più profonde paure"[2], ha dichiarato il Signore Krishna. Quella del dharma è l'unica via al mondo in cui non sia possibile fallire.

Non esiste paura più grande di quella della morte. Dovremmo avere il coraggio di salvaguardare il nostro retaggio vedico assimilandone la saggezza, che ci insegna come trascendere persino la paura della morte. Il pensiero "Non posso farlo" dovrebbe trasformarsi nel fermo intento "Posso farlo".

Questo aspetto diventa particolarmente importante quando si parla di giovani menti, perché saranno i giovani a trasmettere in futuro gli insegnamenti che fanno parte del nostro patrimonio spirituale.

"Può realizzare più cose in un anno un piccolo gruppo di uomini e donne molto motivati, sinceri e risoluti che una moltitudine in un secolo", ha detto Swami Vivekananda. Ricordate anche queste sue parole: "Gli eroi vivono con gioia. Questa è una verità immutabile. Siate degli eroi. Affermate in ogni circostanza: 'Io non ho paura' e dite a chiunque: 'Non avere paura'".

---

[2] nehabikramanaso´sti pratyavayo na vidyate svalpamupasya dharmasya trayate mahato bhavat

Bhagavad-Gita, 2.40

La rovina della comunità indù odierna è la paura, il timore di praticare la propria fede.

Dimenticando Veda Mata, Desha Mata, Deha Mata, Prakriti Mata e Jagan Mata[3], abbiamo permesso a questo timore di farci sprofondare nell'oscurità. Eppure l'essenza del Sanatana

Dharma si basa sull'assenza di paura. Vivere nella paura equivale a morire. La paura toglie vigore alle nostre azioni e rende la mente succube dell'egoismo e della cattiveria. La paura nasce

---

[3] Madre Veda, Madre Patria, Madre biologica, Madre Natura e Madre Terra.

dalla sensazione "Io sono debole", che deriva dall'ignoranza dell'infinito potere che è in noi.

Un giorno, mentre un camion attraversava un villaggio, il motore prese fuoco. L'autista saltò immediatamente giù dal mezzo, corse verso una cabina telefonica e chiamò i vigili del fuoco. Ciò nonostante, quando i soccorsi arrivarono, la parte anteriore dell'automezzo era ormai completamente bruciata. In seguito, quando i pompieri aprirono il camion, rimasero sorpresi nello scoprire che esso trasportava estintori! Se l'autista lo avesse saputo, si sarebbe potuto evitare il disastro. Allo stesso modo, le nostre paure ci impediscono spesso di renderci conto del potere che è in noi.

La paura contrae e inaridisce la mente trasformandola in un pozzo secco, confina il nostro mondo in una piccola cella buia, come fa la tartaruga che si ritira nel guscio alla vista di un predatore. È un'emozione che sgretola la nostra forza sino a polverizzarla e ci priva della nostra *atma shakti*[4]. Al contrario, una mente impavida è vasta come il cielo.

---

[4] Letteralmente "potere del Sé". In sostanza, il termine indica la fiducia e la forza mentale acquisite dalla consapevolezza che la nostra vera natura è immortale e senza limiti.

Amma non nega il valore della paura, che ha una funzione naturale e utile: se la casa prendesse fuoco, sarebbe stupido mostrarsi coraggiosi e restare all'interno. Amma sta solo dicendo che non dobbiamo diventare schiavi dei nostri timori.

La nascita e la morte sono due aspetti importanti della vita che avvengono senza il nostro benestare e senza prendere in considerazione i nostri bisogni. Se la vita è come un ponte, la nascita e la morte sono le estremità su cui esso poggia e si sostiene. Noi non abbiamo alcun controllo su questi due momenti fondamentali dell'esistenza e ignoriamo tutto di essi. Come possiamo dunque pretendere che quello che c'è in mezzo, ciò che chiamiamo "vita", ci appartenga? Allo stesso modo, l'infanzia, l'adolescenza, la gioventù e la vecchiaia non ci interpellano prima di comparire o scomparire: accadono, semplicemente. Riconoscete questa verità e impegnatevi in azioni edificanti a livello individuale e collettivo.

Swami Vivekananda una volta disse: "Poiché la morte è certa, è meglio sacrificarsi per una buona causa". Bisognerebbe insegnare ai nostri giovani questi ideali che costituiscono l'essenza del Sanatana Dharma. Mettendoli in pratica nella nostra vita, dovremmo diventare un modello da seguire. Se i giovani si risvegliano, la nazione si risveglierà, il mondo si risveglierà. Tuttavia, i ragazzi di oggi sembrano essere vittime di un'epidemia diffusa. Amma non vuole generalizzare, alcuni di loro hanno una visione più matura della vita, ma la grande maggioranza sembra solo interessata a vivere in modo "eccitante" e si beffa degli ideali di spiritualità e patriottismo e delle figure dei nostri santi. "Vecchiume! Non fa per noi. È roba per anziani e fannulloni" dicono. In realtà, i veri stupidi sono quelli che ridicolizzano e scherniscono gli altri; chi riesce a vedere e a criticare le proprie debolezze e i propri insuccessi possiede *viveka*. Dobbiamo aiutare i giovani a sviluppare tale discernimento.

Nella creazione esistono solo due elementi: l'*atma* e l'*anatma*, ovvero l'*Io* e il *non Io*. Di solito non siamo interessati a conoscere noi stessi, ma solo gli oggetti e le situazioni esterne.

Un uomo giunse al confine tra due paesi a bordo della propria moto. Sul retro della moto c'erano due grandi borse. Il doganiere lo fermò e gli chiese: "Cosa c'è nelle borse?" "Solo sabbia". "Davvero? Bene, vediamo un po'. Scendi dalla moto", gli ordinò. L'agente prese le borse, rovesciò a terra il contenuto ma vi trovò solo sabbia.

Non contento, decise di trattenere l'uomo per la notte mentre la sabbia veniva analizzata alla ricerca di oro, droghe o esplosivo. Alla fine non fu trovato nulla, solo sabbia. Non avendo altra scelta, il doganiere rilasciò l'uomo e gli permise di attraversare la frontiera sulla sua moto portando con sé la sabbia.

La settimana successiva accadde la stessa cosa. Di nuovo il doganiere trattenne l'uomo per tutta la notte e il mattino dopo lo rilasciò con la moto e le due borse di sabbia. Questa scena si ripeté per diversi mesi.

A un certo punto l'uomo scomparve. Un giorno, molto tempo dopo, il doganiere lo vide in un ristorante oltre confine e gli disse: "Ehi, so che hai per le mani qualcosa, ma non so cos'è e questo pensiero mi tormenta a tal punto che la notte non dormo. Non riesco a venirne a capo. In confidenza, perché contrabbandi della semplice sabbia?"

Continuando a sorseggiare la sua bevanda, l'uomo sorrise e disse: "Non sto contrabbandando sabbia, ma moto rubate". Completamente concentrato sulle borse, il doganiere non aveva controllato la cosa più ovvia: la moto.

Allo stesso modo, noi continuiamo a rivolgere tutta la nostra attenzione all'esterno e così facendo perdiamo di vista noi stessi. Sebbene sia importante conoscere la natura degli oggetti esterni, dovremmo anche comprendere chi siamo.

Oggi molte persone imparano a praticare le *asana*[5] dell'hatha yoga per migliorare il proprio aspetto e diventare più forti. Questa tendenza è molto diffusa tra i giovani che però ignorano il principio basilare, la ricchezza inestimabile che si trova nel cuore dello yoga.

Il potere cosmico che ha creato e organizzato questo universo in modo che funzioni armoniosamente, ha concepito alcuni principi guida per l'umanità. Questi principi o norme sono chiamati dharma. Il dharma ha un ritmo, un tono e una melodia propri. Quando gli uomini non pensano e non agiscono secondo il dharma, l'equilibrio nella mente umana e nella natura viene meno. La principale causa della maggior parte dei problemi nel nostro paese è la predominanza di un modo di pensare e di uno stile di vita che non prestano attenzione alla nostra antica cultura. Occorre che i giovani diventino consapevoli di questo. Affinché i loro desideri e i loro sogni si

---

[5] Posizioni yoga

avverino, sono necessari una grande quantità di energia, le benedizioni dell'universo e il sostegno e la protezione delle forze naturali.

I nostri giovani non sono "buoni a nulla" ma "buoni a tutto". Non "mancano di attenzione" ma piuttosto "non ricevono attenzione". Il futuro dell'India e del mondo intero risiede in loro. La sorgente di energia necessaria per risvegliare la nostra società è dentro di loro. Se i giovani si risvegliano, il nostro futuro è al sicuro. Se questo non accade, l'armonia della vita umana e dell'intero universo sarà compromessa.

Un giorno, un ragazzo di venticinque anni arrivò nel nostro ashram. Indossava un cappellino con la visiera all'indietro e aveva sulla fronte un segno di pasta di sandalo. Si avvicinò al *sannyasin*[6] più anziano dell'ashram: "Signore, dov'è la cucina dell'ashram?" Il monaco fu preso un po' alla sprovvista, ma senza fare commenti gli indicò la direzione. Dopo un po', mentre il giovane stava tornando, il sannyasin lo chiamò e gli chiese gentilmente: "Figlio, come ti chiami?" "Jnanaprakash". (Il religioso probabilmente pensò: "Eppure i suoi genitori gli hanno dato un bel nome: Jnanaprakash, luce della conoscenza.

---

[6] Monaco

Perché dunque non sembra emanare alcuna luce?") "Figlio, come chiami una persona che in ospedale indossa un camice bianco e uno stetoscopio?" "Dottore", rispose il giovane. "E qualcuno che indossa una toga nera in tribunale?" "Avvocato", disse il ragazzo. "Allo stesso modo, non sai che chi indossa abiti color ocra in un ashram dovrebbe essere chiamato 'Swami'?"

Per un attimo il ragazzo rimase in silenzio, poi, prontamente, esclamò: "Mi scusi, signore". Il sannyasin non poté fare a meno di ridere. Il giovane era indù, credeva in Dio, era abbastanza istruito, ma ignorava la cultura da cui proveniva. Questo episodio rivela una triste verità: le giovani generazioni non sono consapevoli del valore e della grandezza del proprio paese, la terra sacra dei *rishi*[7], la terra che ha diffuso l'aurea luce della spiritualità nel mondo. Com'è potuto accadere? Come possiamo trasmettere i principi di base che permettano alle nuove generazioni di comprendere la nostra cultura? La luce della cultura vedica ha illuminato il mondo intero, ma ora tale cultura è in crisi.

È necessario salvaguardare questo nostro patrimonio. Per riuscirci, occorre essere pronti

---

[7] Antichi saggi

e disponibili a fare qualche sforzo, poi il dharma proteggerà se stesso. Dobbiamo iniziare a impegnarci, qui e ora. Per questo motivo, l'attuale sistema amministrativo dovrebbe avere una visione basata sui valori spirituali e cooperare per assicurare una migliore gestione. A questo proposito, ricordo il mantra preferito di Swami Vivekananda, tratto dalle Upanishad: "Alzatevi, risvegliatevi e non fermatevi finché non avrete raggiunto l'obiettivo"[8].

Le nostre facoltà mentali e intellettuali sono limitate, la loro energia è di breve durata e alla fine si esaurirà. Ecco perché siamo esortati a riporre la nostra fede nell'*atma shakti*, il risveglio a cui fa riferimento il famoso mantra delle Upanishad. Non è possibile sviluppare repentinamente una fede completa. Quando però compiamo le nostre azioni con un senso di abbandono, acquisiamo forza e ci avviciniamo all'obiettivo. I nemici non sono fuori ma dentro di noi. Noi siamo i nemici di noi stessi. L'ignoranza, il modo in cui siamo diventati schiavi dei nostri desideri e l'incapacità di comprendere la natura della vita sono tutte debolezze che ci rendono limitati.

---

[8] uttishthata jagrata prapya varannibodhata
    Katha Upanishad, 1.3.14

Un giorno una maestra elementare chiese ai suoi alunni: "Bambini, quante stelle vedete nel cielo di notte?" "Parecchie migliaia!" rispose un bambino. "Milioni!" "Miliardi!" Infine il più piccolo della classe esclamò: "Tre!" "Solo tre stelle? Non hai sentito i tuoi compagni dire che sono migliaia e miliardi? Come fai a vederne solo tre?" domandò l'insegnante. Il bambino replicò: "Non è colpa mia, la finestra della mia stanza è molto piccola!" La finestra era come una cornice, il bambino poteva scorgere solo il tratto di cielo incorniciato dalla finestra. Allo stesso modo, noi siamo limitati dalla cornice delle nostre debolezze. Per trascenderle, dobbiamo agire, fermamente radicati nella consapevolezza spirituale.

Il Kali Yuga[9] è l'era dell'azione. In quest'epoca, agire focalizzandosi interamente sull'obiettivo spirituale è la più grande forma di rinuncia e austerità. Così facendo, possiamo rispondere con intelligenza invece di reagire emotivamente agli avvenimenti della vita. In sintesi, la nostra vita viene guidata da *viveka*.

Alcune parole di Swami Vivekananda esprimono questi concetti: "Un ateo è colui che non

---

[9] La quarta di quattro ere cicliche; nel Kali Yuga, "l'era del materialismo", il dharma non viene molto praticato.

crede in se stesso. Credere in se stessi significa credere nel potere illimitato del Sé che è in noi".

Esistono tre aspetti dell'amore che risvegliano questa forza interiore: l'amore per se stessi, l'amore per Dio e l'amore per tutto il creato. L'amore di sé non è l'amore egocentrico ma l'amore per la vita: un amore che considera il successo, l'insuccesso e questa stessa nascita umana come una benedizione di Dio. Amare se stessi significa amare l'energia divina che è in noi. Crescendo, questo sentimento si trasforma in amore per Dio. Quando queste due componenti sono presenti, anche la terza, l'amore per tutto il creato, si manifesta spontaneamente.

Le buone e le cattive qualità di una persona si formano in seno alla famiglia. Quasi tutto ciò che determina la salute mentale di un bambino dipende dall'ambiente famigliare. Quando un bimbo ha otto o nove anni, le basi del suo sviluppo mentale sono già presenti per il 70 %. Un individuo può vivere fino a ottanta o novant'anni ma a dieci anni ha già appreso le lezioni più importanti della sua vita. Solo il rimanente 30 % viene assimilato successivamente, e questo apprendimento risente dei punti di forza e di debolezza sviluppati nell'infanzia. Per costruire un grattacielo, occorre innanzitutto gettare delle fondamenta solide. La maturità, in realtà, è la capacità di imparare continuamente durante tutta la vita: non si diventa maturi con il passare degli anni ma grazie all'altruismo e a un'attitudine all'accettazione che non conosce pregiudizi.

Nel campo della medicina, ogni giorno vengono sviluppate nuove tecnologie e scoperte nuove malattie. Un medico deve pertanto essere sempre aggiornato sugli ultimi studi clinici, non può dire: "Beh, la situazione odierna è uguale a quella di vent'anni fa. Non c'è nessuna differenza".

Se perseguiamo obiettivi materiali, dobbiamo certamente iniziare raccogliendo informazioni sul mondo esterno. Basare tuttavia l'intera esistenza solo su informazioni esterne rafforza l'ego. La nostra vita attuale, in particolare quella delle giovani generazioni, è satura di notizie inutili. I nostri giovani credono solo nel potere del corpo e della mente. Un tale modo di pensare rende le persone meccaniche ed egoiste. Di fatto oggi, grazie all'informatica, i giovani hanno, rispetto agli adulti, una maggiore conoscenza di ciò che accade nel mondo.

Volendo parlare in privato con il figlio adolescente, un padre lo portò nella propria stanza e chiuse la porta. Guardando il ragazzo negli occhi, disse: "Figlio mio, tu hai dodici anni e quando leggo le cose che i ragazzi della tua età fanno oggigiorno, mi si rivolta lo stomaco. Per questo voglio parlare con te dei 'fatti della vita' ".

Senza battere ciglio, il ragazzo replicò: "Certo papà, cosa vuoi sapere? Posso dirti tutto".

Gli antichi *rishi* sperimentarono come la pura consapevolezza che è in noi formi il substrato dell'intero sapere. Dobbiamo coniugare tale comprensione con le scoperte della scienza moderna. È importante che la prossima generazione avverta questa necessità, altrimenti questo paese, che è la culla del pensiero spirituale, vedrà una generazione convinta che nella vita esistano solo il sesso, le droghe e il denaro.

Swami Vivekananda disse: "Prima di recarmi in America e in Inghilterra amavo profondamente il mio paese. Da quando sono tornato, ogni granello di questa terra mi è sacro". Dopo il recente fatto avvenuto a Delhi, molti connazionali provano disagio nel chiamarsi indiani[10]. I valori, il senso del dharma, il sacrificio di sé e la

---

[10] Amma si riferisce all'efferato e mortale stupro da parte di un gruppo di uomini su una studentessa di 23 anni, avvenuto a Delhi nel dicembre 2012.

compassione dimostrata dai nostri santi, questo è ciò che Swami Vivekananda amava della sua terra natia. Il mondo di una persona comune è costituito dalla famiglia, dalla moglie e dai figli. Chi desidera però dedicare la propria esistenza al servizio disinteressato va oltre questi confini e offre la propria vita per il bene del proprio paese. Chi è asceso alle vette della spiritualità ed è stabilito nell'*Advaita*[11] considera suo l'intero creato, non solo la propria famiglia. Per lui il paradiso e l'inferno sono uguali. Tali esseri trasformano l'inferno in paradiso. Questa visione di unità è il percorso che conduce a un cambiamento positivo.

L'università gestita dal nostro ashram ha cinque campus. Alcuni studenti dissero una volta ad Amma che non volevano più indossare le uniformi. Amma chiese loro: "Il vero scopo dell'educazione consiste solo nel conseguire una laurea, assicurarsi un buon posto di lavoro e guadagnare un sacco di soldi? No. Il fine è quello di acquisire la conoscenza, coltivare i valori e un atteggiamento compassionevole verso chiunque". Poi Amma raccontò loro alcuni episodi accaduti in università gestite da altre istituzioni, che non prevedevano

---

[11] Il comprendere che, sostanzialmente, l'individuo, che l'universo e Dio "non sono due" ma una cosa sola.

l'uso di uniformi. In uno di questi atenei, molti studenti avevano dovuto chiedere prestiti ingenti per pagarsi gli studi e quindi rimaneva loro poco denaro a disposizione. Ciò nonostante, nel vedere i compagni indossare vestiti costosi e alla moda, avevano voluto fare lo stesso. Il complesso d'inferiorità scatenato dal non poter acquistare abiti costosi aveva spinto alcuni di questi studenti a cercare di procurarsi dei soldi spacciando droga, persino ai propri compagni di classe. Molti erano così diventati tossicodipendenti, alcuni si erano messi a rubare e altri ancora si erano tolti la vita.

Uno studente di un altro college, che era molto povero e anelava a essere come gli altri, aveva inviato dal carcere un'inquietante lettera ad Amma. Scriveva che, nel tentativo di rubare una catena d'oro a una donna, l'aveva accidentalmente uccisa. "Ora ditemi", disse Amma ai ragazzi, "volete creare una situazione nella quale dei vostri compagni possano fare scelte sbagliate o preferite indossare un'uniforme?" Capendo l'importanza del rispetto dei sentimenti degli altri, gli studenti risposero all'unanimità che preferivano indossare l'uniforme.

Dobbiamo riconoscere l'unità che è il substrato di tutte le differenze. Questo ci aiuterà.

Anche se vediamo 1.000 soli riflessi in 1.000 vasi pieni d'acqua, il sole è uno. Quando realizzeremo che la consapevolezza dentro tutti noi è unica e identica, riusciremo a sviluppare una mente che anteponga le necessità degli altri alle proprie. Per esempio, supponiamo di dover acquistare un orologio. Sia l'orologio da 50 euro che quello da 50.000 euro segnano l'ora. Scegliendo il modello meno costoso e utilizzando il denaro risparmiato per aiutare i poveri contribuiremo significativamente al benessere della società.

Ogni cosa nella creazione è viva e cosciente. Come possiamo dimostrare questa grande verità? Non certo utilizzando strumenti limitati come le parole, la mente o l'intelletto. L'amore è la luce guida più antica e più attuale, solo l'amore può innalzare la mente umana dallo stato inferiore al regno infinito del Sé. Inoltre l'amore, il linguaggio universale del cuore, è il solo idioma comprensibile da tutto il creato. "Amore", "benedizione", "grazia" e "compassione" sono sinonimi di Dio. Queste qualità e Dio non esprimono concetti diversi, ma sono una cosa sola. La grazia e le benedizioni sono sempre presenti. Quando compiamo con gioia il nostro dharma mantenendo aperto il cuore, la forza e la grazia fluiscono in noi.

Mentre nuota felice tra le onde, il pesce si dimentica del mare, ma se ne ricorda immediatamente quando viene gettato sulla sabbia rovente della spiaggia. Non esistono tuttavia rive lontane da Dio sulle quali potremmo arenarci perché Dio è un oceano infinito senza sponde e ognuno di noi è un'onda di quell'oceano. Proprio come le onde e l'acqua sono identiche all'oceano, anche noi siamo un tutt'uno con Dio, siamo incarnazioni di Dio.

Gli *asura*[12] sono coloro che caddero dal regno dei *deva*[13] per mancanza di viveka. Oggi l'uomo, che è un'incarnazione di Dio, si comporta come un *asura*. Molti episodi del passato e tante vicende odierne ci dimostrano che gli *asura* nascono sotto spoglie umane. Quotidianamente vengono riportati eventi che macchiano il nome della nostra eterna cultura, questa cultura che ci insegna a riverire ogni donna come madre, dea, amica alla quale aprire il proprio cuore. Chi avrebbe potuto compiere il recente atto criminale di Delhi se non menti demoniache, *asuriche*? Nel corso della storia, nessuna società che abbia mancato di rispetto alle donne ha potuto prosperare. Una tale società

---

[12] Demoni
[13] Esseri celesti

non può sopravvivere. Se leggiamo il *Ramayana* o il *Mahabharata*[14] o se ripercorriamo gli ultimi mille anni di storia, ci accorgiamo che vasti imperi e valorosi imperatori sono caduti a causa del loro disprezzo per le donne e per i valori legati all'essere madre. Questo paese è stato testimone di *maha-tyaga, tapas* e *danam* (grandi rinunce, austerità e atti di carità) dei nostri *rishi*. È giunto il momento che i cittadini dell'India trasformino la loro mente. Procrastinare oltre potrebbe avere conseguenze disastrose.

Quando un bambino attraversa le diverse fasi della crescita, quando cerca di girarsi, quando impara a gattonare e poi a camminare, si comporta come un soldato determinato a vincere. Oggigiorno però, dal momento in cui un ragazzo entra nell'età adulta, raggiunge la maturità e poi diventa anziano, acquisisce una mentalità utilitaristica. In ogni cosa, compresi i suoi rapporti personali, si comporta come in una trattativa d'affari. Chi è responsabile di questo meccanismo? La nostra società, i genitori, gli anziani, il sistema scolastico, le cieche imitazioni e il nostro stile di vita che non rispetta la cultura indiana. Tutti questi fattori generano paura, ansia e vigliaccheria. L'umanità

---

[14] Epopee indiane

non ha più la forza di vedere la vita come un'avventura o una sfida da affrontare con coraggio. La mente non è in grado di riconoscere l'esistenza degli altri né di considerare i loro sentimenti.

Su questo pianeta vivono sette miliardi di persone. Tuttavia, quasi nessuno pensa agli altri. Non esistono né amicizia né una vera famiglia né unità. Ci siamo allontanati dal gruppo, ognuno di noi è diventato un furioso elefante selvaggio.

Nel Sanatana Dharma, il Creatore e la creazione non sono due ma una cosa sola. Come non c'è differenza tra l'oro e i gioielli d'oro, così non c'è differenza tra il Creatore (Dio) e la creazione (il mondo). L'effetto non può essere mai diverso dalla sua origine, dalla sua causa. Il Sanatana Dharma è l'unica filosofia che insegna a vedere *nara* come *Narayana*, ovvero a considerare gli esseri umani come Dio. L'Induismo è la sola religione che adora persino ciò che è senza attributi, il *nirgunam*, come Dio. Per quanto lontana sia l'amata, l'innamorato proverà grande gioia guardando il fazzoletto che lei gli ha donato. A renderlo felice non sono il tessuto né il ricamo ma il ricordo dell'amata. Allo stesso modo, qualunque sia l'immagine attribuita al Divino, ciò che di fatto sperimentiamo è la presenza amorevole di Dio.

Mettiamo in pratica i valori spirituali e salviamo il mondo

Abbiamo una lunga tradizione di rispetto e di reverenza verso la natura e tutti gli esseri viventi. I nostri antenati hanno venerato e dedicato templi ad alberi, uccelli e persino serpenti velenosi. Un'ape è un insetto minuscolo, eppure se venisse a mancare questa piccola creatura l'impollinazione non sarebbe più possibile e intere specie si estinguerebbero. Se il motore di un aereo si guasta, l'aereo non sarà più in grado di volare. In effetti, anche la mancanza di una sola vite essenziale può avere lo stesso effetto. Possiamo forse buttare via questa vite dicendo che, paragonata al motore, non è che un piccolo oggetto insignificante? In realtà, tutto ha la sua funzione e la sua importanza, nulla è privo di senso.

Madre Natura, che riversava le sue benedizioni su di noi come *kamadhenu*, la mucca che realizza i desideri, è ora diventata una vecchia mucca smunta. Oggigiorno l'attenzione per l'ambiente è considerata un atteggiamento moderno. Questo è molto buffo perché, in realtà, nella nostra cultura la salvaguardia dell'ambiente è praticata da tempi remoti. Un tempo però la nostra attitudine era diversa: proteggevamo l'ambiente in quanto vedevamo tutta la creazione come parte di Dio. Poi abbiamo deciso che questa concezione era antiquata e abbiamo smesso di salvaguardare la natura. La nostra attuale attenzione nei confronti dell'ambiente manca della reverenza che ne era una volta il fondamento. Ecco perché tutti i nostri tentativi in questa direzione non hanno successo.

Due uccellini sedevano in cima a un edificio e parlavano tra loro. Il primo chiese all'altro: "Dov'è il tuo nido?" Il secondo rispose: "Non ho ancora un nido né una famiglia. Il nettare che riesco a succhiare dai fiori non basta nemmeno a saziare me. Qualche giorno fa, mentre ero in cerca di cibo, vidi un bellissimo giardino davanti a una casa. Molto emozionato, mi avvicinai. Solo quando fui a poca distanza mi accorsi che si trattava di un giardino artificiale con fiori di plastica. Un'altra volta scorsi un giardino con tantissimi fiori colorati, ma quando mi accinsi a succhiare il nettare da uno di questi fiori mi scheggiai il becco: erano di vetro! Poi, un giorno, trovai un vero giardino, pieno di fiori bellissimi. Affamato, volai nella loro direzione ma mi fermai poco dopo vedendo un uomo che li spruzzava con fertilizzanti chimici e pesticidi. Rischiavo di morire! Così ripresi a volare alto nel cielo, deluso. Sono rimasti pochissimi fiori oggigiorno e quelli disponibili sono trattati chimicamente! Come

Mettiamo in pratica i valori spirituali e salviamo il mondo

posso sperare di farmi un nido e formare una famiglia? Come nutrirei i miei piccoli?"

Ascoltando queste lamentele, il primo uccello disse: "Hai proprio ragione. È da giorni che sto cercando di costruirmi un nido, ma non riesco a trovare i rametti, ci sono sempre meno alberi. Se le cose vanno avanti così, sarò costretto a nidificare con pezzetti di plastica e di ferro".

La nostra situazione è problematica come quella di questi due uccellini. Non è sufficiente avere dei figli, dobbiamo anche assicurare loro un futuro. Negli ultimi venticinque anni abbiamo distrutto il 40% delle foreste. Il combustibile e l'acqua disponibili stanno diminuendo. Chi dovrà vivere questo problema in tutta la sua gravità saranno i nostri figli e i figli dei loro figli. Dovremmo prendere coscienza di questa situazione, svegliarci e agire. I nostri giovani dovrebbero essere in prima linea nelle campagne per la conservazione delle foreste, dell'energia e dell'acqua.

Il desiderio sessuale è come la fame, è un istinto comune a tutti gli esseri umani. Tuttavia, in passato, si conduceva una vita fermamente radicata nei valori spirituali e in tal modo si riusciva a controllare questo desiderio. Quando

Amma era una bambina, Damayanti Amma[15] diceva: "Non fare la pipì nel fiume. Il fiume è Devi[16]". Nuotando nei canali della laguna, anche se l'acqua era fredda, riuscivamo a trattenerci ricordando le parole di Damayanti Amma. Quando si sviluppa un'attitudine di reverenza per un fiume, non lo si profanerà mai. Sfortunatamente, la società attuale non ha più valori. Episodi come quello accaduto a Delhi lo dimostrano. Oggi i giovani trascorrono il tempo libero cercando siti pornografici su Internet. È come gettare alcol sul fuoco, non fa che alimentare la loro lussuria. Alcuni adolescenti hanno persino confessato ad Amma che, dopo aver visto quelle immagini, avevano provato pensieri impuri verso i loro fratelli e sorelle. Perdono così *viveka*, il loro discernimento. La loro condizione è come quella di una scimmia ubriaca punta da uno scorpione a cui cada poi in testa una noce di cocco. La condizione dei giovani d'oggi è simile a quella di un'astronave rimasta intrappolata nel campo gravitazionale della Terra. Per poterci liberare dall'attrazione gravitazionale, abbiamo bisogno del razzo vettore dei valori spirituali.

---

[15] La madre di Amma
[16] La Madre Divina

Come rimproverano i propri figli dicendo: "Smetti di giocare e studia!", così i genitori dovrebbero anche insistere affinché i ragazzi coltivino dei valori. Le madri devono dire alle loro figlie con fermezza, quando sono ancora giovani e influenzabili: "Non devi aver paura. Non lasciare che qualcuno ti avvilisca. Devi sviluppare forza d'animo". Allo stesso modo, i genitori dovrebbero insegnare ai figli maschi la protezione e il rispetto per le donne. Attualmente molti uomini sono come strade a senso unico, occorre che diventino come autostrade, permettendo anche alle donne di camminare al loro fianco. Non importa quanti emendamenti legislativi il governo approvi, né quanto vengano inasprite le pene per gli abusi sessuali: se non educhiamo i nostri figli a questi valori un vero cambiamento non potrà mai avvenire. Il governo deve promuovere degli incontri per capire come proteggere le menti influenzabili dei giovani dal materiale esplicito disponibile su Internet.

In passato, i programmi scolastici prevedevano che gli studenti dedicassero parte del proprio tempo al servizio della comunità. Amma pensa che bisognerebbe reintrodurre questo requisito. Se tutte le nostre scuole organizzassero due volte alla settimana iniziative di pulizia ambientale e messa a dimora di piante, il problema dell'inquinamento verrebbe molto ridotto. I partecipanti a questi eventi dovrebbe ricevere dei crediti scolastici. Così facendo, faremmo nascere nei nostri figli, in un momento in cui la loro mente è ancora influenzabile, una disposizione al servizio.

Oggi la religione è diventata un altro bene di consumo, in vendita sul mercato. "Questa è un'ottima religione, quella è una cattiva religione": così molte persone commercializzano la fede. Un tale paragone equivale ad affermare: "Mia madre è una santa, la tua una prostituta". Lo scopo della religione non è quello di costrui-re muri ma ponti, riportando l'unità tra gruppi di persone un tempo distanti. Ogni individuo deve quindi cercare di comprendere i principi profondi della religione, il suo messaggio di amore e compassione. In tal modo la vita e gli insegnamenti di Swami Vivekananda potranno essere fonte di ispirazione per tutti.

Amma desidera infine presentare una proposta che ritiene possa essere utile alla nostra società. Il sistema in vigore per i medici neolaureati, che al termine dei loro studi devono prestare servizio per un anno nelle aree rurali, dovrebbe essere esteso ai laureati di tutte le discipline. In ogni famiglia, almeno uno dei figli laureati dovrebbe dedicare un anno a servire la comunità. Il governo dovrebbe finanziare questo progetto istituendo speciali borse di studio. Questi ragazzi dovrebbero vivere tra i poveri, capire i problemi che essi devono affrontare e cercare di trovare una via per aiutarli. In tal modo potremmo risvegliare la compassione nei nostri giovani, migliorare la condizione delle persone indigenti e favorire una crescita olistica della nazione. Se anche i pensionati dedicassero un anno ad aiutare i bisognosi, l'impatto di queste iniziative sul paese sarebbe ancora più grande.

C'è qualche differenza tra gli esseri umani e i vermi? Riflettiamo per un attimo su questa domanda. Anche i vermi si nutrono, dormono, defecano, si riproducono e alla fine muoiono. Avendo ricevuto il prezioso dono della nascita umana, compiamo qualche altra azione oltre a queste? No. Non solo, attraverso negatività come rabbia, gelosia e odio, creiamo nuove *vasana*[17], cosa che i vermi non fanno. Dovremmo meditare su tutto questo.

---

[17] Tendenze negative

Cerchiamo di vivere la vita in modo da aiutare noi stessi e anche gli altri. Dio ha concesso al fulmine e all'arcobaleno solo pochi istanti di vita, alcuni fiori fioriscono solo per un giorno, la luna piena tramonta all'alba, una farfalla non vive che qualche giorno. Eppure, in questa loro breve esistenza, donano al creato così tanta bellezza e felicità. Amma prega affinché impariamo dal loro esempio e cerchiamo di dedicare la nostra vita a rendere ancora più bello questo mondo. Coloriamo le nostre labbra con il rossetto delle parole sincere. Instilliamo negli occhi l'*anjanam*, il collirio della compassione. Decoriamoci le mani con l'*henné* delle buone azioni. Benediciamo la nostra mente con la dolcezza dell'umiltà. Colmiamo il nostro cuore con la luce dell'amore per Dio e per tutta la creazione. In tal modo trasformeremo questo mondo in un paradiso.

L'India deve risollevarsi. È necessario che la voce della Conoscenza e della realizzazione del Sé e le parole antiche dei nostri *rishi* si levino nuovamente e risuonino ovunque. Affinché questo accada, dobbiamo lavorare tutti insieme, in unità. Possa questa terra, che ha insegnato al mondo il vero significato dell'accettazione, rimanere salda in questa virtù. Che il suono possente della conchiglia del Sanatana Dharma annunci un nuovo risveglio e riecheggi in ogni angolo del pianeta. Come un arcobaleno, Swami Vivekananda è apparso all'orizzonte dell'umanità per aiutarci a capire la bellezza e il valore di una vita attiva che includa la compassione e la meditazione. Che il meraviglioso sogno d'amore, coraggio e unità di Swami Vivekananda possa realizzarsi. Possa il Paramatman[18] dare a ognuno la forza per raggiungere questo obiettivo.

---

[18] Lo Spirito Supremo, Dio.

www.ingramcontent.com/pod-product-compliance
Lightning Source LLC
Chambersburg PA
CBHW061958070426
42450CB00011BA/3229